오백년 입맞춤

오백년 입맞춤

이정환 시조집

작가

오백년 입맞춤

이정환

느티나무
오백년 오
백년 그늘
아래 뜨거
운 입맞춤
이 시간을
멈추게 했
네 시간을
멈추게 했
네 오백년
입맞춤이

이천십팔년
봄 이정환 시인의
오백년 입맞춤을
권기철 쓰다

■ 시인의 말

마흔 두 해 동안 교단에 섰다. 부끄럼 많은 길을 걸었다. 소명의식이 남달랐던 것은 아니었으나, 용케 견디어 왔다. 하늘에 고마울 뿐이다.

등단한 지 올해로 마흔 해다. 그동안 부단히 글을 썼다. 천편천률을 위해 사생결단으로 썼다. 천치처럼 부지런히 썼다. 글을 쓰지 않으면 곧 죽을 듯이, 쓰는 일이 마냥 생명의 연장이라는 듯이.

물러나면서 또 한 권의 책 『오백년 입맞춤』을 펴낸다. 단 한 사람을 위한 일인지도 모른다. 단 한 사람이 나만큼 들렌다면 그것으로 족하리라.

기꺼이 표제와 표지화, 캐리커처와 캘리를 그려주신 권기철 화백의 우의, 오래도록 잊지 못할 것이다.

아베스의 하나님께 모든 영광을 바친다.

주후 2018년 봄

이 정 환

차 례

2부 또 다시 블랙홀

3부 퍼펙트

4부 빛바람나무

5부 밤을 보려고

1부

흑애

답신

눈앞에
앉아 있는 것

그것이 곧
답신이라고

별달리
쓰지 않아도

그것이 곧
답신이라고

저물어
물드는 저녁

그것이 곧
답신이라고

베르겐의 아침

높은 벽 창유리에 빗발치는 빛줄기
눈이 부심으로 열리는 가을 아침

새들은
일제히 날아올라
붉은 빛을 받는다

집집마다 부엌에서 아침밥상 차릴 때
한 줄기 바람이 베르겐 길 가로질러

어느 집
높은 창살을
힘껏 치고 사라진다

베르겐의 저녁

어둠을 데리고 들어선 그의 손을 붙잡자
크고 맑은 눈망울로 안녕이라고 묻는다

잎들이
물들기 시작한
베르겐
가을 저녁

귀뚜라미 간간이 울어 창에 불은 켜지고
찻잔에 피어오르는 내밀한 속살거림

펼쳤다
거두어들였다
서로 얽히어
깊었다

베르겐의 밤

대체 화려함이란 무엇인지 규명하고 싶은
그런 밤의 찻집에 앉아 있는 그를 보았다

우련한
회색빛 재킷에
엷은 웃음
머금은

무채색 받쳐 입어도 사뭇 눈부신 것을
서쪽 창가에 앉은 그가 일깨워 주었다

머릿결
치렁치렁한
베르겐 밤
깊을 녘

오른쪽 어깨의 시

먹구름 몰려들고
곧 비가 쏟아지자

연잎만한 하늘우산
받쳐 들고 걷는데

오른쪽 어깨가 젖네
연잎바깥의 내 어깨

들어오셔요, 안으로
더 가까이 오셔요

이녁 왼쪽 어깨가
이내 젖을 터인데

안으로 들어오셔요
하늘우산 울리네

사인암

— 손수향론

바위는 숲에 기대어 그 기운 북돋우고

발밑의 물소리로 서늘함을 북돋우고

선 채로 천년도 잠깐 천년도 잠깐 북돋우고

옛 언덕길

언덕길 오르는 이
멀리서 퍼뜩 봤다

마주 앉아 한참
눈빛 나누던 이

뒷모습 붙들던 일순
노을빛에 젖을 녘

꽃을 바라보듯
이윽히 바라다가

뒷모습 놓치고서야
우듬지만 쳐다봤다

어깨를 스치던 바람
그 향긋한 머리칼

바로 앞의 당신

언제 어디에 있든
바로 앞에 당신이다

몹시 불편케 한 것도
사뭇 기쁘게 한 것도

가을이 첫발자국을
들여놓을 무렵이었다

그 여름날 이후로
붙들어 매여 버린

붙들어 매여 버려
영영 손 놓지 못할

언제든 어디에서든
바로 앞에 당신이다

물망

한시도 잊지 말라고 그는 내게 말했다
그 역시 나를 한시도 잊지 않고 있다며

그렇다
그것은 물망
연붉은 꽃봉오리

모름지기 잊을 것은 속히 잊어야 하는데
그와 나는 마침내 물망의 사이가 되어

잠들 때
눈물 머금고
깰 때 이름 부른다

꽃자리

잠시
앉았던 자리
몰래
쓰다듬어 본다

아직도 온기가 남아 사뭇 떨리는 것을

향긋한
맨몸과 맨살
후박나무
후박잎

태초에 설렘이 있었다

태초에
설렘이
있었다
설렘이
당신을
낳았다
빛나는
눈동자
깊숙한
수정체
그속에
머물던
무지개
비로소
당신은
영원을
꿈꾼다
태초에

설렘이
있었기
때문에
완강한
사랑의
동아줄
잡았기
때문에

산

— 손수향론

산이고 싶어서
산을 바라봅니다

눈 익은 산자락 불어오는 솔바람

벼랑과
우뚝 솟은 바위
숲으로 우거진 산

산이고 싶어서
산과 마주합니다

솔숲 새로 내닫는 골 깊은 저 물소리

귓전을
울리는 한낮
산과 마주앉습니다

서늘한 산그늘을
산그늘의 시편을

솔빛 천년의 저녁 그 도저한 깊이를

화폭에
담고 싶어서
먹물 빛을 봅니다

흘림흘림 민흘림

통, 표 나지 않게
의지하고 있었군요

그것을 모르고
난 그것을 모르고

떠난다
떠난다 했군요
몹쓸
바보짓을요

배흘림
배흘림기둥
배흘림기둥
배흘림

표 나게 의지해요
난 그대
배흘림기둥

천년의
배흘림기둥
흘림흘림
민흘림

정금에 관하여

그대 말이 적시누나
내 두 귀를 적시누나

그대 말이 적시누나
앙가슴을 적시누나

오, 두 젖
사이의 고랑
그 깊음을
적시누나

애틋하니 건넨 말
솔숲머리 닿누나

써느러니 건넨 말
냇물을 건너누나

일없디
일없다 말지니
그대 말은
모두 정금

흑애

검은 선글라스에
흘러내린 검은 머리칼

불시에 맞닥뜨린
심연의 심연이여

마라도 벼랑 끝에 선
거센 마파람 속에 선

파도치는 머리칼이여
파도치는 마파람이여

검은 망사 드리운
신부의 모습으로

심연의 심연을 향해
동아줄을 내리나니

멜로

그의 눈매로부터 피어오르는 향기

숨기고자 하여도 숨길 수 없는 여울

마가렛 꽃빛과 같은 잔 물살 잔물결

가두고자 하여도 가둘 수 없는 여울

그의 눈매로부터 번지는 연한 기운

데이지 꽃빛과 같은 잔 물살 잔물결

어떤 겨울날

앞에 앉아 있는 것
죄라면 곧 죄입니다

눈앞에 펼쳐진 설원
그 빛 부심 속으로

끝까지 찾지 못하도록
숨어 있어야 했습니다

꽝 꽝 얼어붙은
검푸른 즈믄 심연

그 한복판에 선 듯
무장 막막한 겨울

눈앞에 마주한 오로라
말 못할 황홀입니다

꼭두서니 빛 편지

엊저녁의 평온이
오늘로 이어진 아침

그는 편지를 쓴다
아침이면 쓰는 연서

애잔한
아픔일 수 없는
꼭두서니 빛 연서

특별한 일이 없어
마냥 기쁜 아침

소소한 당신이 닿는
몇 줄의 붉은 연서

허공을 날아올라서
우듬지를 지난다

옛 봄길

마을로 가는 길을
한순간 놓쳐 버리고

잘못 든 흙 벼랑길
그는 오래 걸었네

외치는 소리마저도
끊기는 산모롱이

옛사람이 나직이
이끄는 길이었네

눈빛 눈물의 뜻
새기는 길이었네

눈 내려 아득한 천지
먼 꿈속의 옛 봄길

첫눈 오는 밤

끔찍하게 여긴다니
끔찍하다 되받으니

눈발이 치던 밤이
더욱 추워집니다

이런 말 저런 말들이
부질없어집니다

가는 길 창창하여
먼 하늘을 봅니다

함께 다다를 곳
눈에 환히 보여서

사는 일 끔찍하여도
끔찍이 그립니다

베르겐 베르겐

흐린 항구였다
느낌이 달려왔다

잠시 머물면서
깊은 정을 얻어

쉽사리 떠나지 못할
배를 바라보았다

젖어 맑게 빛나는
오디 빛 눈망울

다시 찾지 못할
해안을 더듬다가

베르겐 하고 부르며
가만 눈을 감았다

그래 이렇게
너와 나는 나뉘는 것

머물렀던 순간을
거기 붙들어 두고

연붉은 베르겐 항구
바람처럼 떠났다

오로라가 서 있었다

평생 눈 멀 일을
좇았다, 언어의 숲

말로 표현 못할
아름다움 앞에서

때로는 질식하였다가
간신히 깨어나곤 했다

이국에서 보았다
오로라를 보았다

깊숙한 눈빛이
몹시 강렬하였다

스치고 지나가버릴
그런 바람 아니었다

평생 아름다움을
좇았지만, 아직 그는

숨 막히는 절경과는
맞닥뜨리지 못했다

그러나 이국땅에서
질식하고야 말았다

오로라가 서 있었다
베르겐 언덕길에

그의 눈길은 멀리서
천천히 파고들었고

비로소 설화의 한 대목
직조 되고 있었다

2부
또 다시 블랙홀

포토라인

가
장
강
렬
한
빛
이
쏟
아
지
는
곳
참
으
로
눈
부
셔
서

눈부실수없는곳한순간터지는플래시말이스러지는곳

톱클래스

자신의 볼카운트와 승부한다는 투수

자신의 아름다움과 승부한다는 여인

자신의 미친 언어와 승부한다는 시인

길

— 택시운전사

어디로든 더 빨리
도달할 수가 있지

길이기 때문이지
무한정으로 열린

막혀도 막힐 수 없지
뚫고 나아갈 수 있지

하나의 흐름이
숨은 길 찾아내어

거대한 힘으로
둑을 무너뜨리고

그곳에
도달하게 되지
빛이 환한 먼 고을

참을 수 없는 허리 굽히기의 가벼움에 대한 무거움을 살피다

폴더 형 휴대전화처럼 굽힐 수 있는지
얼마나 허리를 그렇게 굽힐 수 있는지

그렇게
굽혀본 사람만
그것을 알 것이다

담양 가서

몰려가는 단풍잎 따라 소쇄원 가는 길

볏단 베어낸 자리 누렇게 잘린 밑동

그 속에 시퍼런 싹이 치솟고 있는 것

입동 지난 어느 날 담양 가서 보았네

일제히 시위하듯 시퍼런 싹들이 불쑥

일렬로 논두렁 향해 뛰어오르고 있는 것

또 다시 블랙홀

스스로 내뱉은 검은 말로 말미암아
막다른 골목으로 내쫓긴 한 사람

밑 모를
블랙홀 그것은
그가 만든 것이었네

자기 무덤을 연일 자신의 곡괭이로 파서
스스로 갇힐 동안 잘도 내뱉던 한 사람

오십 보
백 보 앞에서
입을 다물 일이네

분홍 꽃술 두 개

미용 도구를 미처 풀지 못한 출근길

그가 청사 안으로 들어가려는 찰나

잇따라 터진 플래시 머리 뒤쪽 헤어롤

참사 당일 머리 손질하던 이와는 달리

잠 못 자며 선고에 여념이 없었던 그

아, 미처 풀 수 없었던 분홍 꽃술 두 개

그의 첫밤

문 앞에서 펑펑 울며 눈물을 흩뿌려도

꽃은 어김없이 져서 온 사방에 흩날린다

참으로 조마조마했던 화면은 캄캄 어둠

펑펑 우는 소리 문 밖으로 새어나올 때

만개한 벚꽃가지도 잠시 부르르 떨었다

독방에 홀로 갇히어 어둠을 읽는 한밤

험구

그 일 이루어지면 손에 장을 지진다거나
그 일이 성사 안 되면 목숨을 내놓겠다거나

그런 말
스스럼없이
내뱉는 이들의 험구

말로 못할 일들은 이 세상에 전혀 없다
말 앞세워 내닫는 일 결코 어렵지 않다

너와 나
무지막지해
늘 낭떠러지 앞이다

바다 위에서

흔들릴지언정 결코 가라앉지는 않겠다

흔들고 흔들어도 다만 흔들릴 따름

한순간 박차고 올라 망망대해에 닿겠다

떠날 자 다 떠나라, 남는 자는 남는다

힐끔 돌아보거나 다시 돌아오지도 말라

무수히 흔들리면서도 가라앉지는 않겠다

생의 반역

1
올곧게 사는 것만 사는 일 아니다

반기와
반항과
반란과
반역을

꿈꾸지 않는 이에게 어둠은 몰려든다

2
떨어져 내리면서
바로 치어다보며

매섭게 쏘아붙이는 나뭇잎을 보아라

쫓아가
날아 앉는 곳
지켜볼 일이다

저두족

1
모두 아래쪽이다
아래쪽에 붙들려 있다

옆도 앞뒤도 없다
모두 아래쪽이다

마음이
오가는 길은
저기 저 허공뿐이다

2
족족 저두족이다
지하철 칸칸마다

족족 저두족이다
집집마다 방방마다

실시간
살피지 않으면
오금이 저려온다

3
꽃에서 눈을 떼면
위는 무한 하늘이다

높푸르게 솟아오른
저기 저 뭉게구름

이제는 고개를 들라
누군가가 외친다

일상과 이상

1
일상을 나무라거나
홀대하지 말지니

말없이 찾아와서
슬며시 떠나가는

뒷모습
그것만으로도
꽃잎 얹어 줄 일이니

2
리을받침 떨어지자
으깨어져버린 평화

모든 것 흔들리어
사뭇 어지러운 세상

일상은
있는 그대로
늘 빛 부신 것이다

무르만스크의 오로라

백해와
바렌츠 해 사이

북극권
콜라 반도

죽을 만큼 처절한 이가 찾아들 곳이다

오, 북위
68도 58분

무
르
만
스
크
의
오
로
라

거울방

모든 것 속속들이
비치어 보이나니

방은 거울방
겨울날의 겨울방

온몸과 영혼까지도
훤히 비쳐 보이나니

무엇을 그다지도
들여다보고 싶었을까

무엇을 그다지도
숨기고만 싶었을까

아, 온통
사면은 거울
얼어붙은 겨울방

3부

퍼펙트

오백년 입맞춤

느티나무
오백년오
백년그늘
아래뜨거
운입맞춤
이시간을
멈추게했
네시간을
멈추게했
네오백년
입맞춤이

등

맞기 위해 있는 것
결단코 아닐 테지만

때로 맞음으로써
번쩍, 자각이 일어

자신을
들여다보는
한 순간을 맞는다

불멸

바로 앞에 앉았는데
앉아 있지 않은 듯해

뚫어지게 바라보네
앉아 있지 않은 듯해

천년이
곧 흐를 것 같은
숨 막혀 오는 순간

해운대의 봄

수선화
향기로
몰려오는
파도 소리

꽃은 어디에도 보이지를 않는데,

모래톱
자근자근 밟는
봄의
희디흰 발목

퍼펙트

나는 이 봄날에 몹시 몸이 달아올라
오래 기다렸던 퍼펙트를 노래하련다

참으로
이루기 힘든
너를 노래하련다

11점에 당도할 동안 한 점도 얻지 못하면
그 세트는 퍼펙트다 네가 내게 늘 그랬다

한 점도
얻지 못한 나는
깊은 어둠이었다

나는 이 봄날에 자목련을 그리려 한다
한번 피고 나면 곧장 지는 너의 얼굴

눈 속에
심부의 안쪽에
새겨두기 위해서다

만개 직전이 곧 자목련의 퍼펙트다
그런 연후에는 내리꽂히는 급전직하

떠나는
너의 뒷모습도
늘 슬픈 퍼펙트다

노히트 노런

11점에 당도할 동안
겨우 한 점 얻은 것

노히트 노런이다
종종 그런 때 있다

안간힘
쏟아 부었지만
뒤쫓지 못한 하루

문득 벼랑 끝으로
달려가다 멈춘다

몇 자국만 더 떼면
낙화유수 되는 순간

걸음을
지체한 채로

노을빛에 젖는다

노히트 노런에도
부지런히 숨을 쉬고

1점 인생의 공허
머리칼 쓰다듬다가

노을에
이마 부비며
벼랑 끝을 좇는다

바람 불어가는 쪽으로

네 마음에 날 들여놓지 말고 들여놓지 말고

꿈속에서라도 들여놓지 말고 날 들여놓지 말고

바람이 불어가는 쪽으로 가만 눈감을 일이다

꽃 속에서 쓴다

나는 비를 들고 꽃잎을 쓸지는 않는다
그러다가 손에 마비가 올지 모르므로
무시로 연필을 들어 백지 위에 시를 쓴다

그것이 시인지 혹은 낙서인지는 몰라도
부단히 쓴다, 쓰는 것만으로도 기쁘므로
내가 쓴 모든 글들은 꽃나무가 듣는다

나는 여전히 오늘도 꽃 속에서 시를 쓴다
꽃 피고 있는데 붓을 멈출 수 없으므로
꽃 피는 그동안에도 진 뒤에도 나는 쓴다

향리 이팝나무

1
청춘 남녀 한 쌍
들길을 가로질러

이쪽으로 오고 있네
꽃을 본 모양이네

향리의 이팝나무가
꽃 피운 보람 있네

먼발치에서 발견한
한 채 우람한 궁궐

이 봄 이팝꽃 곁에
함께 서지 않으면

한 몸이 못 될 거라며
찾아 온 모양이네

2

사백 년 이팝나무
그 아래 긴 의자

퇴색한 나무의자
둘이 앉기 좋은 의자

이팝꽃 꽃구름 속에
어찌할 바 모르네

그와 곁 하여 앉자
가지들이 흔들리고

도란거리는 소리에
꽃숭어리 넘실넘실

두 눈을 맞추며 웃네
봄은 서로의 것이라고

꿈은 서로의 것이라고
정은 서로의 것이라고

꽃잎들 서로의 것이라고
바람도 서로의 것이라고

울음도 웃음마저도
마냥 서로의 것이라고

수목원의 돌

놓일 자리에 놓여 있는 돌들을 보아라
꽃이 피어나고 꽃향기 번질지라도
우묵한 그 자리에서 이제 또 천년이다

천년 또 천년을 우묵한 그 자리에서
견디고 있다고 혹여 생각하지 말라
꽃잎을 가슴에 받고 설레는 날 있나니,

무수히 밟힐지라도 엷은 웃음 머금는
돌들은 그런 가슴 안으로 품고 있어
묵묵히 기꺼이 거기 눌러앉은 것이다

고신우체국

명덕역에 내리자
붉게
돋보이는 집

고신우체국에 앉아 네게 편지를 쓴다

매화꽃
이리 붉도록
종무소식인가 하고

화화

벼에 불이 붙어 어느 덧 찬 가을
몰려오는 바람 피할 길 적이 없어

모두가
꺾이어져서
서늘한 저 산그늘

벼에 불이 붙고 마음에 곧 불이 번져
맨발로 물 건너는 뒷모습 붉은 가을

바람이
뒤쫓아 가다
정수리를 때린다

억새풀

먼 하늘 우러르다
눈물 고이 맺힐 때

가장 가을스럽다
은빛
저
억새풀

쓸쓸함
물리치기에
마냥 안성맞춤이다

억새풀 당신

눈가에 어린 눈물
뺨을 타고 흐르듯

돌아선 이의 머리칼
바람결에 흩날리듯

노을 진 언덕 너머로
멀어지는 억새풀

억새풀 없이, 아아
당신 머리칼 없이

가을은 오지도
또 가지도 못한다

당신의 머리칼 없이
아아, 억새풀 없이

십일월

잎사귀들은 끊임없이 떨어져 내렸다

앞서거니 뒤서거니 떨어져 내렸다

참거나 참지 못하거나 떨어져 내렸다

입동 무렵

치렁치렁하던 잎사귀들 송두리째 시들어 하루아침에 여지없이 거덜나버린 것을 눈으로 바라보면서 믿어지지 않는 아침

언젠가 함께 푸르게 서 있겠다던 약속 마주 보며 긴한 얘기 나누고자 한 약속 모두가 된서리에 맞아 거덜나버린 것을

파초여, 너로 말미암아 거덜나버릴 수 없어 거덜나버린 너를 보며 거덜나버릴 수 없어 검붉은 잎사귀들을 뚝뚝 꺾고 있는 아침

십이월

1
주체할 수 없는 삭막한 바람이다, 12월은
주체하고자 할 수 없는 물결이다, 12월은

보듬어
안고자 해도
안겨지지 않는다

2
너를 생각하거나
별리를
준비하거나

그렇게 주체하기에는 바람 거친 달이다
그렇게 주체하기에는 물결 높은 달이다

겨울 광안리

1

파도가 파도를 불러 사뭇 파도치게 하듯
바람이 바람 불러 마냥 휘몰아치게 하듯

네 안에
불어 닥친 불길
들끓어 오르게 하듯

2

겨울 광안리에는 밤비가 내리고 있었다
파도 위로 겨울비가 내리퍼붓고 있었다

내 안에 들어앉아버린
당신과 만나고 있었다

시무룩의 시

새벽잠결에 입으로 딸려 나온 시편들
혼자 중얼중얼하다 죄다 놓쳐 버리고

늦겨울
아침 햇볕에
눈물 찔끔 흘린다

4부

빛바람나무

편력

— 피카소 (1881~1973)

페르낭드 올리비에
에바 구엘 코를로바

테레즈 도라 마르
앙리에트 마르코비치

피카소
프랑스와즈 질로
자클린 로크
파블로

최후의 모스크바

— 오마 샤리프 (1932–2015)

오마 샤리프
폭설 그리고 폭설

라라 그리고 라라
붓을 든
닥터 지바고

보리스
파스테르나크
폭설 속의 흰 영면

마리 로랑생이 기욤 아폴리네르에게

미라보다리 아래로 쎄느강은 흐르고

우리 사랑도 함께 흐른다, 노래한 시인

마흔을 눈앞에 두고 처연히 눈 감았네

그 소식을 받아 들고 나 마리 로랑생은

피울음을 쏟았다네, 숨넘어갈 듯 처절히

살아서 더는 못 보네, 기욤 아폴리네르여

내 사랑 아폴리네르여, 저 강을 어이 두고

미라보다리 어이 두고 로랑생 어이 두고

무심히 떠나갔나요, 오 기욤 아폴리네르여

코리안 아폴리네르

마리 로랑생과 기욤 아폴리네르 사이

쎄느강이 흐른다, 연푸른 미라보다리

아양교 다리 아래로는 금호강이 흐른다

코리안 아폴리네르는 대체 누구던가

그의 사랑이 흐르는 금호강 아앙교 길

봄버들 하 늘어져서 저리 흐느적이는데

러브

사랑이 시작될 무렵은 영점과 영점이다
무슨 욕심도 미움도 없는 순간
서로가 영점일 때가 말 그대로 러브다

사각의 경기장에 마주 선 두 사람
눈가에 번지는 연련한 눈빛을 보라
한쪽이 영점일지라도 그것은 곧 러브다

시스루

곧장 내비칠 듯 내비치지 않는 것이
묘한 느낌으로 벼랑 끝을 달리나니,
그 깊은 골짜기는 아직 너의 것이 아니다

내비칠 듯 내비치지 않음으로 말미암아
찾아들길 바이없는 숲으로 우거져서
미칠 듯 미치게 하는 실루엣과 같은 것

말의 묘미를 좇아 일생을 달려온 이여
숨 막히는 길 앞에 곧장 기막힐지라도
끝까지 파고들지니, 꽃문 열어젖히기까지

검정

검은 색이 일으키는 내적 파장을 보아라
특유의 부드러움과 강렬한 저 호소력
켜켜이 쌓인 어둠을 보라, 벨라스케스 렘브란트

세련된 아름다움을 도드라지게 한 마네 마티스
모든 구성 요소를 삼켜버린 말레비치
감정의 절제와 표출, 부드러움과 날카로움이여

차가움과 따뜻함으로 도저한 깊이에 닿아
그 어떤 빛깔보다 완전무결한 검은 색
침묵 속 내적 울림을 보라, 웅혼한 아름다움을

음울에 관하여

내 안의 어딘가에 한참동안 가둬 두었다
어느 것이 먼저인지 혹은 나중인지 몰라
음험한 어떤 기운이 땀구멍마다 가득 찼다

한기 서린 그 기운 감당할 길이 없어
그냥 마구 무너졌고 방향을 잃었으며
끝없이 추락하면서 세상 끝에 닿았다

별똥별이 남기고 간 기억 속 궤적을 좇아
먼 곳에 멈춰 서서 한없이 웅성거리다
축축한 소멸의 순간을 온몸으로 맞았다

마냥 속수무책으로 식은땀은 쏟아지고
단절의 두려움 속에 떨이지던 꽃잎들
모두가 검붉게 타서 흩날리고 있었다

의자가 있는 골목

— 변희수 시인 시에 답하다

한 번도 골목에는
의자라곤 없었소

바람만 불어가고
가로등만 섰을 뿐

지금껏
내가 본 골목엔
의자라곤 없었소

곧 의자를 몇 개
갖다 놓으려고 하오

의지를 보이려면
의자가 필요하오

최소한
네댓 개의 의자

거기 놓여야 하오

한 가족을 맞기에
가장 알맞은 자리

따뜻한 구름빵을
이젠 나눌 것이오

의자가
네댓 개 놓여 있소
지나치지 마시오

아랑의 꿈

현은 많을수록
많을수록 좋은 것

스물다섯의 현이
다른 빛을 퉁기어

천지가 환해지는 것
환해지는 것 보아라

옷깃 고이 여미고
현을 내려 보느니

마음 실어 꿈 실어
퉁기어 올리는 하늘

네 안의 어둠 내쫓는
저 빛보라를 보아라

진양조 중모리가
자진모리 휘모리로

자진모리 휘모리가
엇모리 또 단모리로

아리랑 고개를 넘는
네 사랑을 보아라

빛바람나무

— 르코르뷔지에

그토록 오랫동안
그토록 끈질기게

무수히 모욕당한
한 사람이 있었지

누구나 빛바람나무
향유키를 바란 이

사람을 중심으로
햇빛을 들이기를

비바람 들이기를
꽃나무 들이기를

그토록 열망했던 이
오, 르코르뷔지에여

권투 글러브

17세 때 프로복서로 데뷔하던 시절의

빨간 권투 글러브
머리말에 걸어두고

하루에
한 번씩은 꼭
바라보는
안도 타다오

안도 타다오

1

그가 롱샹 성당
다시 방문했을 때

갖은 색깔 빛으로
가득한 공간에서

미사를 드리는 모습에
몹시 반해 버렸지

기도하고 노래하는
눈부신 거룩한 예배

마음의 평화와 기쁨
고요의 깊이 앞에

더불어 시간을 엮는
집을 짓기로 하였지

2

움직이지 않는 건축
움직이는 것을 찾아

창 크기에 꼭 맞게
철길로 지나는 기차

그것을 염두에 두고
좁고 긴 창 만들었지

3

산과 사람살이를
들과 사람살이를

빛과 바람과 나무
더불어 사는 언덕

일평생 꿈꾸어온 이
타다오 안도 타다오

밤의 해변에서 혼자

밤의 해변에서는
혼자가 마땅하다

모름지기 밤의 해변에서는 달빛 해변에서는
파도와 모래톱만이 저리 밀리는 해변에서는

해변의 달빛 밤이
홀연 깊어갈 무렵

혼자가 마땅하다, 부서지고 또 부서지다가
심연의 먼 끝자락을 혹, 밟아볼 수만 있다면

서른아홉, 효리

꽃처럼 예쁘기를 바라는 사람 있을까

좀 더 따뜻하게 오래도록 이야기 나눌

그날이 바닷가 뜰에 이젠 찾아 왔으니

밀려오는 파도 소리 바람결에 엿듣다가

수선화 향기 같은 나날이었으면 하고

묵도를 드리는 저녁 갈맷빛이 내린다

호이안의 밤

사람 모여 드는 곳 불빛 모여 환한 곳
밝은 어둠 속에서 갖은 물건 빛나고
걷거나 앉아 있거나 먹거나 떠드는 곳

북적거리는 것들이 북적거림을 낳아
자전거와 인력거 오토바이와 사람들
다 함께 뒤엉키어서 밤은 웅성거린다

시간을 동이거나 붙들어 매어두고 싶은
호이안의 오색 밤은 모두의 것이어서
물결도 꽃물결 되어 흘러가고 있었다

구성

— 이응노의 '돌 · 종이 · 나무'에 부쳐

구기거나 접거나 내리누르거나 찢거나
깎거나 두드리거나 파거나 돌리거나
또 다른 빛 부심으로 눈앞에 현현하지

하늘로 또 땅으로 걸림도 거침도 없이
붓 길은 이어져서 솟아오르는 소우주
그것을 황홀이라고, 황홀이라고 탄주하지

아, 하는 탄성과 함께 눈길 머무는 곳곳
그의 영혼 속으로 스멀스멀 빨려 들어가
두 눈이 감겨 버리지, 일순 암흑 속으로

단순한 평범한

— 박수근론

동네 빨래터에 앉은 아낙네의 뒷모습

듬성듬성 벋어 오른 가녀린 나뭇가지

쉽사리 놓쳐버릴 일 화폭에 옮긴 수근

단순한 평범한 이웃 할머니 할아버지

소년과 흰 고무신 봄 맞은 집 강아지

곁에서 볕 쪼이다가 화폭에 옮긴 수근

코스모스

— 김주영론

멀어질수록 황홀해 그예 말문 막혀버린

보아라, 수천수만 꽃잎들의 파노라마

일시에 날아올라서 물결치는 나비 떼를

천애를 유영하는 셀 수 없는 영혼들

너의 몸은 이제 그곳에서 춤추나니,

마침내 우주의 숨결 영원까지 뻗는다

양남 주상절리처럼

— 권기철론

검정 치마폭을
바다 위에 펼쳤네

검정 부채살처럼
둥그렇게 펼쳤네

그 속에
뛰어든 중천
파묻혀
버렸네

검정 부채살은
검푸른 흡반 되어

지친 사내들을
무시로 삼킨 채

바다에

둥글게 떠서
부시도록
검다네

유채꽃 지게

— 방복희론

1

유채꽃 한 아름
져다 놓고 떠난 사람

웬일인지 여태껏
돌아오지 않고 있네

봄날이 다 저물도록
돌아오지 않고 있네

그가 올 때까지
그 자리 지킬 지게

그가 올 때까지
시들지 않을 꽃

저무는 또 하루 봄날
바람 휘몰아치는데…

2

봄을 져다 놓은 이
봄 속으로 숨어들어

모든 것 잊어버리고
꽃 속에 파묻혔는지

여태껏 오리무중이네
하늘 저리 높푸른데…

그러나 어찌해
잊었으랴, 꽃지게

옷고름 적시면서
그 곁에 다소곳이 선

유채꽃 봄날의 시악시
문 앞 바라 섰는데…

5부

밤을 보려고

아미산

직벽을 타고 오르는 것은 오직 바람뿐이다

발 앞은 낭떠러지
즉각
비상해야 한다

눈썹엔
머물 수 없어
스쳐갈 길밖에 없어

설미량

천년
기다렸다가
천년을 기다렸다가

어느 날 당신 속으로 깊숙이 들어섰지

눈으로
뒤덮여 있는
미량의 눈부신 몸

이중창

테너에는 테너라는
사내가 살고 있지

바리톤에는 바리톤이라는 사내가 살고 있지

산비탈
너럭바위에 올라
이중창을
펼칠 때

밤을 보려고

만나지 않았기에 헤어질 수 없었다
헤어질 수 없었기에 만나지도 않았다

최초의
밤을 보려고
최후의 밤을 보려고

한라산

그는
거기에 있고
나는 바다 끝에 섰네

서로 자리 바꾸어 앉을 길 바이없어

여전히
바다 끝에 섰네
그는 하늘이라네

1970 · 마라도

마라도의 밤은 깊었다, 푸른 별빛 내릴 때

그 밤은 본도의 밤을 내도록 모른다고 했다

무엇을 꿈꾸었던가, 그때 그 밤의 마라도는

그때 그 밤의 마라도는 무엇으로 깊었던가

그때 그 밤의 마라도는 파랑 속의 마라도는

무엇을 꿈꾸었던가, 꿈꾸다가 침몰했던가

천 번 가라앉았다가 천 번 떠오르던 흑애

천 번 가라앉았다가 천 번 떠오르던 얼굴

마라도, 본도의 밤을 모른다 했던 꿈의 섬

마라도의 기도

하나님, 이 땅의 골 이제 채워 주소서 저 햇빛과 구름, 바람의 거침없음처럼 이 땅의 갈라진 골을 이제 메워 주소서

이것저것 따지지 않는 나무와 날짐승처럼 서로의 호흡과 눈길 마음껏 주고받는 이 땅에 그런 새 누리 넓게 펼쳐 주소서

노도에 깎이어도 아픈 줄을 모르고 반도의 막내둥이 꿇어 엎드린 한밤 저 별밭 출렁이도록 함께 흐르게 하소서

비양도

속 깊이 이글거리며 사뭇 꿈틀꿈틀하다가 치솟아 오를 것은 끝내 저렇듯 솟구쳐 올라 비로소 섬섬한 눈빛의 섬이 된 것이다 저 바다를 열고 탯줄 끊은 지 어언 천년 내도록 있을 곳 협재 바다 바로 그 앞 비로소 사는 것같이 살고 있는 것이다

담벼락 여자

한겨울
양지쪽
벽돌담에
붙은 여자

얇은 볕살 온기조차 따뜻해 참 따뜻해

담벼락
옆으로 붙어
벽이 되어버린 여자

꼭두서니

네 속에 깔려 있는 저녁노을 불러내어

물들이고자 하지
오래 꿈꾸고자 하지

떠도는 유랑극단의
남사당패
우두머리여

너는 천지사방을 떠돌다가 붉게 물들어
주홍으로 물들어 울컥 눈물 쏟게 하지

떠도는
한 사내 가슴에
들어앉은 울음 빛

플라토닉 플라스틱

1
나는 말했다, 플라토닉 러브라고
그는 말했다, 플라스틱 얘기냐고

가없는 플라토닉이
낯선 플라스틱이라니!

2
플라토닉
플라스틱
플라스틱
플라토닉

토닉과 스틱 사이 찬바람 들이닥쳐

영원한
사랑의 거리
연무 속에
휩싸였다

승부역

이곳에서는 굳이 승부를 이르지 말라

이미 모든 것이 끝나버린 외진 골짝

하늘만 동그랗게 열려 내려다보나니

지고, 이기는 일을 산은 말하지 않네

이기고, 지는 일을 물은 되묻지 않네

승부역 내닫는 열차 바람 싣고 달릴 뿐

아우라지 별사

너를 떠나보낼 곳
여기구나, 아우라지

붙들어 두고 싶어도
백년을 참지 못하니

마침내 놓아도 좋을 곳
여기구나, 아우라지

돌아보지 말지니
이곳 아우라지에서는

보내고는 결코
더는 그리지 말지니

저물녘 놀빛 속으로
길도 연해 끊어질 곳

먹빛 아우라지로다
철철철 천애의 강

모든 노래 그치는 곳
그쳐서 먹먹해지는 곳

떠나고 돌아오지 않아
먹빛 울음 멎는다

룩셈부르크

나는 생각한다, 이른 아침의 룩셈부르크

베네룩스삼국 중의 한 나라인 소국을

운율과 탄력을 가진 묘한 이름의 나라를

나는 그리워한다, 한 번도 간 적 없는 땅

그곳의 커피 향기 그곳의 후미진 거리

장미꽃 두어 송이를 건네고 싶은 여인을

룩셈부르크는 서부 유럽 한복판에 있고

나는 코리아의 남쪽 무학산 아래 있다

커피 잔 둘레를 도는 오랜 룩셈부르크여

옛

부엌 문짝 두 개 붙여 책상을 마련한 뒤
문짝 위에서 글을 쓰던 어느 봄밤이었다

삐거덕 소리 들렸다
어머니의 발소리도

세워져 있던 문짝 붉은 소나무 문짝
그 앞에 앉아 몇 줄 글 쓰는 한밤

이따금 귓전 울리는
삐거덕 우는 소리

단음

그가
어느 날
홀연히
사라진 곳

경주시
건천읍
신평리
옥문지

붉은 숲
붉은 골짜기
붉은 비탈
붉은 숨

비양도

둥그렇게 솟아올라
솔숲을 이루고 서서

저렇듯 많은 바다
거느리고 있는데

이윽히 내려다볼 뿐
한 마디 말이 없다

바람에게 말 내맡긴 것 틀림없어 보인다
파도에게 말 내맡긴 것 틀림없어 보인다

폭설에
뒤덮인 채로 늘
폭우에 젖은 채로 늘

부재

문이란 문 다 잠겼네
녹슨 문고리와 문살

인적이 끊긴 마을
늑대 닮은 개가 짖고

이 봄날 팔순 누님은
오래 집을 비웠나 보네

군위군 고로면
낙전리 싸리밭골

고추밭 담배밭
콩밭 감자밭 비알

고양이 한 마리 문득
가로질러서 달려가네

그 많던 사람들은
다 어디로 간 것일까

뒷집 고모네 댁
처자들의 치맛자락

담배 굴 오르는 길에
금세 보일 듯도 한데

향산

이젠 네 이름을
불러 봐도 되겠다

어언 스무 해 전
초저녁에 보았던

달빛이 뒤덮고 있던
몹시 향기로웠던

엷게 어른거리던
측백나무들 거닐던

멀찍이 손짓하던
그림자들 다가서던

해탈교 건너지 못한
눈물꽃나비를 봤던

사뭇 향기로웠던
다가설 수 없었던

어둔 비탈에 섰던
별빛을 헤아리던

스무 해 불어간 바람
꽃잎 뜯어 흩뿌리던

저녁 숲

촉촉이 젖은 숲에 어둠이 배어들자
비로소 새들도 귀소를 시작하고

집집이
불이 켜지네
고즈넉한 저녁숲

곁에 앉은 이는 아무런 말없이
나를 바라보며 고운 미소 짓네

평온은
이런 것이네
깊어지는 저녁 숲

숱한 길 굽이돌아 발길 머문 산모롱이
이제는 이곳을 떠날 수 없다면서

더불어

고즈넉해지네
숲속으로 잠기네

아나콘다의 물먼지

아마존 강 아나콘다 물속으로 유영할 때
잠수부가 뒤따라가자 달아나기 시작한다

비늘로
바닥을 긁어
물먼지 일으키며

땅의 먼지는 돌개바람이 일으키지만
물속의 먼지는 아나콘다의 몫이다

사람이
좇을 길 없는
아마존 강의 물먼지

시에라네바다

알람브라 궁전을 내려다보는 만년설
이베리아 반도 남쪽 시에라네바다여

적연히
눈 덮인 산맥
바람으로 오른다

꿈에 본 안달루시아 시에라네바다여
나는 너에게 눈 덮인 산자락이고 싶다

지중해
내려다보는
오랜 무라센이고 싶다

오백년 입맞춤

1.

눈앞에 앉아 있으면 곧 그것은 그리움이다. 피할 수 없는 운명, 빠개질 듯이 아픈 앙가슴.

언젠가 그렇게 만난 이의 눈빛은 깊숙했다. 빠져들어 잠겨 버리면 그만 천년이 후딱 지나 가버릴 것 같은 깊이였다. 머릿결은 치렁치렁했고, 손길은 한없이 부드러웠고, 목소리는 연초록 나뭇잎이 떨리듯 푸르렀다.

나는 그날 영원을 보았다.

2.

바로 앞에 있기를 소망한다.

바로 앞에 있다는 것은 축복이다.
늘 환한 빛 속이다.

1969년 봄 시인의 육성으로 예이츠의 「이니스프리 호도」를 들었다. 감미로웠다. 아, 나도 저런 시 한 편을 남길 수 있을까. 꿈결에 이니스프리 섬이 떠올랐다. 그곳을 바라보면서 나는 시 몇 줄이 때로 인생을 뒤흔들 수도 있겠구나 하는 생각이 들었다.

바로 앞에 시가 있었다. 그것은 광휘였다. 극광의 왈츠였다. 나는 그 이후로 오로라 앞에 있었고, 오로라 역시 나의 앞에 있었다. 꽃잎 속에 휩싸인 어느 봄날이었다.

3.
떨림 속이다.
울림 속이다.
들렘 속이다.
설렘 속이다.

태초에 설렘이 있었음을 믿는다. 그로부터 비롯된 사랑의 역사는 오늘에까지 이르러 온 누리에 차고 넘친다. 설렘 속을 유영하는 나의 영혼은 자유 그 자체다. 꿈꾸기를 그치지 않는다. 잠들 때 눈물 머금고 깰 때 이름 부른다. 누군가를

끊임없이 부르는 일이 인생이다. 일생이다. 영원을 향한 길이다.

마로니에 새순이 어찌 설렘 없이 돋아났을까. 사월에 지천인 벚꽃은 하늘에서 내려온 한 채 구름 궁궐이다. 설렘 없이 어찌 땅으로 내려왔을까.

설렘은 곧 영원의 다른 얼굴이다.

4.

산이고 싶은 이는 산이 된다. 들이고 싶은 이는 들이 된다.

하늘이고 싶은 이는 하늘이 된다. 무엇이든지 원하는 일은 원하는 대로 된다.

다만 간절히 원치 않아서 이루어지지 않을 뿐이다.

5.

의자를 의지한다.
바람을 의지한다.
나무를 의지한다.
꿈을 의지한다.
꽃을 의지한다.
하늘을 의지한다.
땅을 의지한다.

눈빛을 의지한다.

그가 나를 의지한다. 그것은 거의 영원에 가까운 일이다.

6.
특별한 일 없어 기쁜 저녁.
특별한 일 없어 기쁜 아침.

따끈한 차 한 잔 앞에 앉는다.
소소한 축복이다.

7.
나는 글 쓰는 사람으로 살아오면서 하고 싶은 일은 다 해 보았다. 욕심이 많아 많은 책을 펴냈다. 내면에 자리한 용광로 때문이다. 활활 타오르는데 어찌해 가만히 앉아 있을 수 있었으랴. 쓰고 또 썼다. 내 붓끝에서 나오는 시편은 대부분 사랑에 관한 것이었다. 쓰지 않으면 미치고 말 것 같아서 부단히 몰입했다.

끝을 모르는 좌절과 방황이 시를 버리게 했다가 시로부터 버림받았다가 다시 시가 돌아오면서 일어설 수 있었다.

8.
시인
예언자.

예언자여야 하리.

9.
자기만의 시공간, 그것이 확보되지 않으면 심연과 맞닥뜨릴 수가 없다.

혼자 살피는 시간, 혼자 걷는 길, 혼자 보는 영화, 혼자 바라보는 나뭇잎, 혼자 우러르는 산 능선, 바다 물결, 꽃구름과 해풍. 온전히 혼자가 될 때 애월 바다가 눈에 들어오고, 시스루 속의 미묘한 떨림도 들추어낼 수 있다.

심연에는
항시 시가 고여 빛난다.

10.
나는 다소곳한 여인을 만나면 오래도록 말없이 바라보기를 좋아한다. 신비의 그늘에서 눈을 떼지 못한다. 아, 저토록 사람이 아름다울 수가 있을까, 탄복하면서 바라보기를 그치지 않는다. 약간의 쓸쓸함이 묻어나는 깊은 눈망울을 바라보다 곧장 빨려 들어가 버린다. 그의 희디흰 목덜미로부터 생명의 아름다움을 절감한다. 입에서 몇 마디의 말이 흘러나오는 순간 때로 숨이 콱 막혀서 안절부절못한다.

내게 시가 늘 그러하다.

11.

사계절의 나라, 이 땅!

사철이 순환하는 우리나라가 좋다. 나뉘어져 살고 있고, 정쟁으로 늘 들끓지만, 역동성이 있는 작은 나라, 저력 있는 코리아가 좋다.

그 무엇보다 이 땅에 우리글이 있다는 것이 참으로 좋다. 무슨 생각이든지, 무슨 사물이든지 마음껏 표현할 수 있어서 좋다. 거침없이 쓸 수 있고 걸림이 없기 때문이다.

많은 문학 갈래 중에 시조를 쓴다는 사실이 기쁘다. 정형률의 미학적 양상이 다채로워서 좋다. 어떤 시상이든지 다 담을 수 있어서 좋다. 일정한 규제가 있는 것이 좋고, 말의 묘미가 무궁무진하여 더할 나위 없이 좋다.

12.

나는 성경 속의 인물들을 생각한다.

요엘 말라기 야베스 사드락 메삭 아벳느고 압살롬 바울 룻 나오미 다윗 골리앗 디르사 이삭 이스라엘 여호수아 요나 욥 엘리야 이세벨 이사야 다니엘 하박국 에스더 갈렙 사무엘 베드로 요한 주 예수 그리스도…….

이 중에는 위대한 인물도 많지만, 비참한 최후를 맞은 이, 허물과 죄가 많은 사람도 있다. 죽음을 불사하고 산 사람도 적지 않다. 엄청난 복을 누린 이도 있다. 그 중에 내가 자주 생각하는 인물은 야베스다.

야베스를 알면 하나님이 보인다.

13.

언제까지 동행할 것인가 묻는다면 영원이라고 답하리라. 시는 영원에 이르는 길이므로. 오리무중도 마다않는 길이므로. 구원의 본질은 아닐지언정 거의 거기에 근접한 것이 시이므로.

내게는 설렘과 더불어 그리움이 있다. 열정은 말할 것도 없다. 아름다움 앞에서 사족을 못 쓴다. 미쳐버린다. 나는 미치지 않기 위해 부지런히 시를 쓴다.

14.

몇 해 전 시월, 남녘 바다 위를 걷고 있었다. 장흥이었다. 바다 위의 다리를 지나면서 등에 진 짐과 함께 파란 바다 속으로, 심연 속으로 뛰어들고 싶었다. 모든 것이 너무나 싫었다. 그 모든 것들보다도 더욱 나 자신이 싫었다. 존재의 이유를 상실하고 있었다. 숨이 왜 끊어지지 않을까 무수히 되묻곤 했다. 장흥 바다는 내가 수장되기에 가장 알맞은 곳이었다.

그러나 나는 끝까지 뛰어들지 못했다. 생각 뿐 실행을 못했다. 대체 어떤 어둠이, 무지막지한 어둠의 세력이 내 안을 그토록 괴롭히고 있었던 것일까. 그것은 음울이었다. 무기력이었다. 진땀이었다. 말 못할 나락이었다. 바닥의 바닥을 쳤던 정신이 다시금 솟구쳐 오르지 못하고 무장 허덕거리고 있었다.

몇 개월이 후딱 지나가버렸다. 그 후 간신히 몸을 추스른 나는 조금씩 힘들게 걸을 수 있었다. 그 어떤 위로도 힘이 되지 못한 와중에 눈물 나게도 한없이 따사로운 손길이 있었다. 그 힘으로 버텼고, 일어났고, 나아갈 수 있었다. 설렘을, 그리움을 다시금 회복할 수 있었다. 그 고마움을 여기 이곳에 연필로 꾹꾹 눌러 써서 남긴다.

오, 다함없는 오로라여.

15.

르코르뷔지에와 안도 타다오.

세계적인 건축가다.

이들은 빛과 바람과 나무가 있는 집을 짓고자 했다.

나는 그들의 건축철학에서 새로운 시어를 하나 만들었다.

……빛바람나무.

16.

고목이 된 느티나무 아래 긴 의자가 놓여 있고, 그곳에 청춘남녀가 앉아 있었다. 그들은 꼭 껴안고 오랫동안 숨 막힐 듯 입술을 나누고 있었다. 영화의 한 장면이었다. 뜨거운 열기가 화면 바깥으로 분출하고 있었다. 내 눈에는 그것은 오백년 입맞춤이었다.

느티나무 오백년 그늘이 만들어낸 사랑의 역사.

17.

오로라의 말은 곧 시가 되었다.

그가 무심코 건넨 한 마디 말조차도 꽃향기가 실리면서

내밀한 언어의 직조 끝에

한 편의 시로 나타났다.

그것은

영원과의 오랜 입맞춤의 시작이다.

18.

우연찮게도 글을 쓰기 시작한 것이 1969년 가을 들 무렵이었다. 그 후 나는 글과 늘 동행하였고, 한시도 시를 잊은 적이 없었다. 혼연일체였고, 나의 글쓰기는 전천후였다. 어떠한 곳에서도 붓을 들었고, 늘 새로운 것을 찾아 헤매었다.

시조의 매력에 빠져 무수한 작품을 썼고, 다수의 책을 묶었다. 사랑 시편을 적지 않게 썼다. 내가 노래한 사랑 시편은 모두 리얼리티의 소산이다. 나는 구체성 없이 노래하지 않았다. 나의 열정에 불을 지핀 어여쁜 이를 저린 마음으로 기억한다. 뇌리에 영원히 각인 되어 있어 내 글쓰기의 추동력이자 상상력의 근원이다.

19.

그동안 왜 하필이면 시조인가 하고 묻는 이들이 많았다. 그럴 때마다 한번 써보라고 권했다. 써봄으로써 시조의 가치를 알게 되기 때문이다. 시조는 우리의 DNA와 다름없다. 조선의 핏속을 면면히 흐르는 숨결과 정서와 가락이다.

불가분의 관계.

정신의 위의를 담기에 가장 적합한 노래의 건반.

모름지기 이 땅에 태어나 우리말과 글을 깨친 이들이 시조를 모른다거나 한 번도 써 본 일이 없다면 이는 명백히 직무유기일 것이다.

20.

최근에 시를 쓰면서 발견했다. 내 작품은 각각 다른 두 개의 코드로 창작되고 있다는 사실이다. 한참 쓰고 나면 그것은 일반시조와 동시조로 가려지게 된다는 점이다. 쓸 때에는 "이것은 동시조다, 이것은 일반시조다."라고 의식하지 않는다. 쓴 작품을 퇴고할 때 살펴보면 그 경계가 또렷하게 나누어짐을 알게 된 것이다. 그러니까 내 속에는 두 개의 눈높이가 동시에 작동하여 창작이 이루어지고 있는 셈이다.

또 하나의 코드는 크게 나누어 서정성과 시대성이다. 주로 노래하는 대상은 서정성 짙은 작품이지만, 이따금 역사적이거나 당대의 문제를 직시하여 육화하는 일에 몰두한다. 자칫하면 시사성 짙은 작품은 시로서 실패하기 십상인데 그것을 극복하였는지 여부는 독자가 판단할 일이다.

속이 부글부글 끓거나 도저히 견디지 못할 때 시대 상황을 총체적으로 한 권의 시집 속에 담는 사례가 더러 있다. 그러나 그러한 작업은 숙성의 시간을 가지지 못할 때 문학

적 성취를 담보하지 못한다. 시인은 모름지기 그 점을 예의 주시하고 경계해야 하리라.

무엇보다 중요한 것은 작품성이기 때문이다.

21.

나는 유난히 네 잎 클로버와 친근하다.

20여 년 전 가야산 어느 산자락에서 무더기로 만난 일이 있다. 한 잎이 발견되면 그곳을 집중적으로 살펴보라. 더 많은 네 잎 클로버를 만날 수 있을 것이다. 다섯 잎, 여섯 잎, 일곱 잎, 여덟 잎, 아홉 잎까지 채집한 일이 있으니 나의 행운은 그야말로 넘치는 셈이다. 그렇다고 다른 이와 달리 많은 행운이 찾아온 것은 아니다. 평범한 일상을 보내는 일 자체가 복이지 않는가.

최근에 신천 물길을 따라 걷다가 오랜만에 여덟 잎까지 만났다. 시와의 만남도 이와 비슷하다. 예기치 않은 때에 새로운 시를 만나게 된다. 다만 굳건한 의지가 있어야 한다. 열정적으로 찾아 헤매지 않는 이에게는 결코 나타나지 않기 때문이다.

22.

나는 아직도 꿈을 꾸며 뜨겁게 기다리고 있다.

아주 오래 전 떠난 그가 곧 돌아오리라 굳게 믿고 있기 때문이다.

23.

여기에서 저기로 가는 터널이 있어 이 터널의 존재를 너와 나만 안다. 이 터널로는 너와 나만 왕래할 수 있다.

새가 날아간다.
오른쪽 날개 왼쪽 날개 꼬리 날개
날개란 날개는 모두 펼치고 최선을 다해 날아간다.

마당에 선 은행나무에서 소나무로 가는 거리에도
새만큼 본능에 충실해 본 적이 있었을까.

열린 창으로 회색 바람이 들어온다.
바람에도 색깔이 있다는 걸 왜 이제야 알게 되었을까.

24.

사람은 자기를 알아주는 사람을 위하여 산다.
그 사람 때문에 살아갈 힘을 얻는다.

25.

일락일락 라일락.

곱다.

아름답다.

예쁘고 따뜻하다.

또 무엇으로 표현해야 할까.

나무와 꽃과 바람과 구름과 햇볕이 옹기종기 모여

풀어내는 유채색 비밀.

일락일락 라일락.

26.

누군가와 이야기하고 있노라면 나를 구성하고 있는 물질 중 독이 희석되고 거기에 나무와 꽃 새 노래 구름 돌 하늘 들길 웃음 사랑으로 재구성되고 있는 것을 느낀다.

금강송 솔향기도 나고, 뜨끈한 구들장에서 올라오는 열기도 보이고, 노릇노릇 불긋불긋 물드는 마당에 풀냄새 번져 오고, 솟구치는 분수며 흰 강아지 흰 이슬 구절초 수밀도 황토벽화 굴뚝 연기 달 별 사마귀 대접커피 그림자오빠 구절초 꽃분홍기차 농암종택 쪽마루에서 본 하늘과 먼 구름……

시월의 봉화가 나를 재구성하고 있는 것을.

27.

감각의 더듬이를 벼리고, 사랑의 마음을 가꾸기 위해 아침마다 편지를 쓴다. 늘 이윽히 바라보는 이 있어 꼭두서니빛 연서를 쓴다. 그럴 적마다 말의 묘미가 무궁무진한 것을 느낀다. 종생토록 좇지 못할 거대한 성채 혹은 견고한 벽 앞에 때로 좌절할 때가 있지만, 그 좌절을 이기고 나면 늘 새로운 길이 열리곤 했다. 그것을 그도 알기에 나에게 가끔 모란꽃 미소를 지어 보인다.

오, 참으로 아리땁고 미쁜 이, 또 한 송이의 불멸의 꿈의 시편이여.

28.

어이쿠! 또 봄이 온다. 화가 권기철에게는 '어이쿠'가 화두다. 목숨이다. 영원성이다. 무지개다. 오로라다. 극광의 왈츠다. 붙들어 앉히고 싶은, 오래 앉혀두고 싶은 사태, 꽃 사태요 탄식, 장탄식이다. 꽃 궁궐, 꽃 궁궐 한 채 붙잡지 못한 저, 어이쿠!

내리그어도 흩뿌려도 마구 문지르다 짓이겨도 뒤틀렸다 꽃피면서 만화방창, 환호작약이요 거침도 걸림도 없는 무한 허공 속이다.

얼마 전 이서면 양원리 화실을 찾았다. 들어서자 눈이 휘

둥그레졌다. 새로운 색채의 우주와 불현듯 맞닥뜨렸기 때문이다. 그래, 그것은 무한 우주 속의 빛보라였다. 화실 전체가 거대한 하나의 조형예술품이었고 살아 숨 쉬는 눈부신 생명체였다. '경이'라는 말로는 심히 부족했다.

흡사 가락의 높은 궁전과 같은 현란한 빛의 춤사위, 그 속을 유영하는 천의무봉의 꼭두서니 빛 영혼이었기에.

29.

멀리서 피아노 소리가 들린다.

눈이 푸른 한 젊은 사내가 건반을 두들기고 있다. 연분홍 꽃잎들이 소리 위에 실려서 귓전으로 날아오는 듯하다. 이 땅위의 시간이 영원하지 않은 것을 알기에 분초를 다투며 살고 싶다. 그리워할 힘이 있을 때 마음껏 그리워하면서.

기운이 소진되면 아무것도 할 수 없다. 장홍 바다가 충분히 설명해 주지 않았던가. 더디 걸어갈 작정이다. 어느덧 이만큼 살지 않았는가. 살만큼 살지 않았는가. 그러나 아직 길은 멀다.

들을 바라보다가 먼 산 능선 쪽으로 곧장 눈길을 돌린다. 서늘하고도 은은한 기운이 가슴 깊숙이 스미어드는 듯하다.

다시 무딘 붓을 든다, 오백년 입맞춤을 향해.

이 도서의 국립중앙도서관 출판시도서목록(CIP)은 e-CIP 홈페이지
(http://www.nl.go.kr/ecip)에서 이용하실 수 있습니다.
(CIP 제어번호 : CIP2018009108)

오백년 입맞춤

2018년 4월 5일 초판 1쇄 인쇄
2018년 4월 12일 초판 1쇄 발행

지은이 | 이정환
펴낸이 | 孫貞順
펴낸곳 | 도서출판 작가
(120-866)서울 서대문구 북아현로 89
전화 | 02)365-8111~2 팩스 | 02)365-8110
이메일 | morebook@morebook.co.kr
홈페이지 | www.morebook.co.kr
등록번호 | 제13-630호(2000. 2. 9.)

편집 | 손희 최서영
디자인 | 전경아
영업 | 손원대
관리 | 이용승

ISBN 978-89-94815-76-3 03810

잘못된 책은 구입하신 서점에서 바꾸어 드립니다.

값 9,000원